Género Ficción realista

I0799605

Pregunta esencial

¿Qué hacen los buenos ciudadanos?

El parque de juegos

Sebastián Olaso
ilustrado por Laura González

Capítulo 1
La idea de Mario 2

Capítulo 2
La junta vecinal 7

Capítulo 3
¡Un parque para todos! 13

Respuesta a la lectura 16

LECTURA COMPLEMENTARIA Una escuela alimenta a otros 17

Enfoque: Estudios Sociales 20

Capítulo 1

La idea de Mario

Era una hermosa tarde de sábado. Mario y sus padres estaban jugando en la sala de su casa. Enfrente, había un terreno sin construcciones. Los vecinos lo mantenían limpio y lo usaban para que los niños jugaran.

Mario miró por la ventana. En el terreno había varios niños y niñas jugando con sus padres. Jugaban con una pelota.

—¿Quieres que vayamos a jugar al terreno, Mario? —preguntó su papá.

—¡Sí! —contestó Mario muy contento.

Mario y sus padres cruzaron la calle y se sumaron al grupo. Jugaron a la pelota y a la mancha. Después de un rato, Mario se sintió un poco cansado. Junto a sus padres, se sentó sobre el césped.

—¡Qué lástima que aquí no haya bancos para sentarnos! —exclamó Mario apenado.

Su mamá lo miró asombrada.

—Es que esto no es una plaza, Mario —dijo su mamá.

—Es verdad, pero podría parecerse —dijo Mario muy seguro—. También podríamos plantar árboles frutales. Y hacer canteros con flores...

—¡Qué buena idea que has tenido, Mario! —dijo su papá.

—Deberíamos hablar con las autoridades de la ciudad para conseguir los permisos —dijo su mamá—. ¿Verdad, Mario?

Capítulo 2

La junta vecinal

Unos días después, los padres fueron con Mario a una reunión de la junta vecinal. Había muchos vecinos.

—Mi hijo quiere compartir una idea con todos —dijo la mamá de Mario.

Todos escucharon con atención. Mario contó que le gustaría hacer arreglos en el terreno. Su idea era convertirlo en un hermoso paseo para los vecinos.

—Deberíamos ir a la municipalidad para plantear la idea —dijo el papá de Mario.

Los vecinos se mostraron muy entusiasmados con la idea de Mario. Si conseguían los permisos, algunos vecinos podrían obsequiar plantas pequeñas. ¡Y trabajarían en equipo!

Al día siguiente, Mario, sus padres y un grupo de vecinos fueron a la municipalidad para presentar la propuesta a las autoridades. Preguntaron si había alguna posibilidad de hacer un parque en el terreno. La encargada de los espacios verdes del pueblo sacó una carpeta de un anaquel.

La mujer estudió la situación durante algunos minutos y amablemente dijo:

—¡Ustedes tienen derecho a disfrutar de ese terreno! Ahora mismo firmaré la autorización. Los vecinos y las autoridades trabajaremos juntos para convertirlo en un parque hermoso.

Los niños estaban muy contentos. Prometieron cuidar el parque con responsabilidad.

Detective del lenguaje

¿Qué pronombre personal encuentras en esta página?

Todos se pusieron a trabajar de inmediato. Algunos vecinos compraron los materiales, otros hicieron propuestas para que el parque quedara más bello. Una casa de artículos para jardines hizo la donación de cinco bancos y algunos arbustos.

Los vecinos trabajaron mucho. Colocaron columpios y construyeron un sector lleno de flores.

Durante un mes, los vecinos se reunieron en el terreno en sus horas libres. Los niños también colaboraban en las tareas.

Finalmente, la idea de Mario se hizo realidad. ¡Ahora había un parque nuevo en el vecindario!

Capítulo 3

¡Un parque para todos!

Una de las vecinas propuso hacer una fiesta para inaugurar el parque. Un sábado por la tarde, los vecinos llegaron con frutas, refrescos y galletas.

—Tenemos un hermoso parque nuevo —dijo la mamá de Mario mientras lo abrazaba—. <u>Ahora todos nosotros podemos disfrutarlo</u>. ¡Gracias por tu idea, hijo!

Detective del lenguaje	¿Qué pronombre personal tiene la oración subrayada?

—Hemos hecho un gran trabajo —dijo el papá de Mario—. Hemos podido combinar nuestro trabajo y nuestra buena voluntad para que este parque sea posible.

Los vecinos aplaudieron a Mario.

—Estamos orgullosos de tu ejemplo, Mario —dijo una de las vecinas.

—¡Eres un gran ciudadano! —dijeron todos a coro.

Respuesta a la lectura

Resumir

Usa detalles como ayuda para resumir *El parque de juegos.*

Personaje	Pista	Punto de vista

Evidencia en el texto

1. ¿Cómo sabes que *El parque de juegos* es un cuento de ficción realista? **Género**
2. En la página 4, ¿cómo se siente Mario cuando ve que no hay bancos en el terreno? **Punto de vista**
3. Busca una palabra terminada en *-mente* en la página 10 y usa lo que sabes de sufijos para deducir su significado. **Sufijos**
4. Escribe sobre la idea de Mario de hacer un parque de juegos. **Escribir sobre la lectura**

Género Narrativa de no ficción

Compara los textos

Lee la historia de una escuela real que ayuda a los demás dándoles comida.

Una escuela alimenta a otros

Hace poco, una escuela en Nueva York decidió ayudar a un comedor comunitario. A principios de noviembre, maestros, alumnos y padres llegaron a la escuela primaria Tuxedo Park. Fueron a hornear pasteles para el Día de Acción de Gracias. Donarían los pasteles al comedor comunitario llamado Suffern Soup Kitchen.

Este comedor se encuentra en Suffern, Nueva York. Brinda alimento a las personas que no tienen suficientes recursos para comer.

Esa mañana, todos desempacaron bolsas con ingredientes y utensilios. Llevaron manzanas verdes, mantequilla y peladores de manzanas.

Ayudar a otros puede ser muy divertido.

Los niños estaban emocionados por ayudar a gente necesitada. Los pasteles se servirían con pavo, puré de papas y otros deliciosos platos.

Primero, los niños y los padres pelaron manzanas. Luego las cortaron en rodajas. Echaron azúcar y canela sobre las manzanas y vertieron este relleno sobre los moldes con masa. Los maestros metieron los pasteles al horno. ¡En poco tiempo la escuela tenía un aroma delicioso!

Los niños decoraron las cajas para los pasteles mientras éstos se horneaban. Cuando se enfriaron, los pusieron en las cajas. Hicieron 57 pasteles en total. Luego, los maestros enviaron los pasteles al Suffern Soup Kitchen. En el comedor estaban agradecidos por tener estos pasteles para ofrecer. Las personas que comieron en el comedor disfrutaron los pasteles de manzana.

Ayuda contra el hambre

El Suffern Soup Kitchen ha ayudado a alimentar a la comunidad por 20 años. Ayuda a decenas de personas cada día. Está abierto siete días a la semana, los 365 días del año.

¿? Haz conexiones

¿Por qué los niños de la escuela Tuxedo Park son buenos ciudadanos? **Pregunta esencial**

¿En qué se parecen los niños de la escuela Tuxedo Park a Mario? **El texto y otros textos**

Enfoque:
Estudios Sociales

Propósito Aprender sobre profesiones que involucren ayudar a los demás

Paso a paso

Paso 1 Elige un trabajo en el que una persona ayude a otras. Escoge a un miembro de tu familia o algún empleado de la escuela que haga ese trabajo y entrevístalo.

Paso 2 Haz preguntas como estas:

1. ¿Cómo ayudas a otros en tu trabajo?
2. ¿Qué tipo de entrenamiento necesitas tener para tu trabajo?

Paso 3 Cuéntale a la clase lo que aprendiste.